COLLECTION DE RECETTES POUR LES AMATEURS DE CAFÉ

100 RECETTES DIFFÉRENTES ALLANT DU CAPPUCCINO CLASSIQUE AUX LATTES DE SPÉCIALITÉ

Léonie Pesquet

Tous droits réservés.

Clause de non-responsabilité

Les informations contenues dans cet eBook sont destinées à servir de collection complète de stratégies sur lesquelles l'auteur de cet eBook a effectué des recherches. Les résumés, stratégies, trucs et astuces ne sont que des recommandations de l'auteur, et la lecture de cet eBook ne garantit pas que ses résultats refléteront exactement les résultats de l'auteur. L'auteur de l'eBook a fait tous les efforts raisonnables pour fournir des informations actuelles et précises aux lecteurs de l'eBook. L'auteur et ses associés ne sauraient être tenus responsables des éventuelles erreurs ou omissions involontaires qui pourraient être constatées. Le contenu de l'eBook peut inclure des informations provenant de tiers. Les documents de tiers comprennent les opinions exprimées par leurs propriétaires. En tant que tel, l'auteur de l'eBook n'assume aucune responsabilité pour tout matériel ou opinion de tiers. Que ce soit en raison de la progression d'Internet ou des changements imprévus dans la politique de l'entreprise et les directives de soumission éditoriale, ce qui est déclaré comme un fait au moment de la rédaction de cet article peut devenir obsolète ou inapplicable plus tard.

Le livre électronique est protégé par le droit d'auteur © 2023 avec tous droits réservés. Il est illégal de redistribuer, copier ou créer des travaux dérivés à partir de cet eBook en tout ou en partie. Aucune partie de ce rapport ne peut être reproduite ou retransmise sous quelque forme que ce soit sans l'autorisation écrite expresse et signée de l'auteur.

TABLE DES MATIÈRES

TABLE DES MATIÈRES..4

INTRODUCTION..8

DESSERTS AU CAFÉ..10

    1. Tiramisu aux baies..11

    2. Crème brûlée à la chicorée..14

    3. Fondue Moka..17

    4. tiramisu..19

    5. Gâteau italien épicé aux pruneaux et aux pruneaux.......22

    6. Granité au café italien..26

    7. Ho ney bee cortado..28

    8. Granit de café..30

    9. Glace au café...32

    10. Plein de crème glacée au chocolat..............................34

    11. Glace Chocolat Rhum..37

    12. Café irlandais...39

    13. Mousses glacées au double chocolat..........................42

    14. Cappuccino frappé..45

    15. Brownies Moka Givrés...47

    16. Gâteau au café Bisquick..49

    17. Dessert à la gélatine au café.......................................52

    18. Mousse au café..54

    19. Dessert gélosé au café et à la noix de coco................58

    20. Affogato italien...62

CAFÉ INFUSÉ AU THÉ...64

    21. Thé de Hong Kong infusé avec du café......................65

    22. Café Glacé Thé..67

    23. Café malaisien avec thé...69

    24. Café glacé au thé à bulles...71

    25. Cocktail sans alcool au café et Earl Grey Boba...........73

26. Thé vert café-baies... 75

CAFÉ INFUSÉ AUX FRUITS...**77**

27. Frappuccino Framboise... 78
28. Frappé à la mangue.. 80
29. Café Framboise.. 82
30. Café de Noël.. 84
31. Café riche à la noix de coco... 86
32. Chocolat Banane Café... 88
33. Café Forêt Noire... 90
34. Café au marasquin.. 92
35. Café au chocolat et aux amandes... 94
36. Soda au café.. 96
37. Moka mi-sucré.. 98
38. Café Viennois... 100
39. Espresso Romano... 102

CAFÉ INFUSÉ AU CACAO..**104**

40. Cappuccino moka glacé.. 105
41. Café glacé original.. 107
42. Café aromatisé au moka.. 109
43. Moka mexicain épicé... 111
44. Café au chocolat... 113
45. Café moka à la menthe poivrée.. 115
46. Moka Italien Espresso.. 117
47. Cafés au chocolat... 119
48. Chocolat Amaretto Café... 121
49. Flotteur de café au chocolat et à la menthe.............................. 123
50. Café Cacao... 125
51. Cacao Noisette Moka.. 127
52. Chocolat Menthe Café... 129
53. Café au lait.. 131
54. Café italien au chocolat... 133
55. Moka mi-sucré.. 135

CAFÉ INFUSÉ D'ÉPICES..**137**

56. Café aux épices à l'orange...138
57. Crémier au café épicé..140
58. Café épicé à la cardamome...142
59. Café de Ola..144
60. Café Vanille Amande...146
61. Java arabe...148
62. Café au miel..150
63. Café Vienne Désir...152
64. Café épicé à la cannelle...154
65. Espresso à la cannelle..156
66. Café épicé mexicain..158
67. Café aux œufs vietnamien..160
68. Café turc..162
69. Lattes épicés à la citrouille...164
70. Latté Caramel...167

CAFÉ INFUSÉ À L'ALCOOL..**169**

71. Café au Rhum...170
72. Café irlandais Kahlua..172
73. Cappuccino irlandais de Bailey...174
74. Café au Brandy...176
75. Kahlua et sauce au chocolat..178
76. Liqueur de café maison..180
77. Kahlua Brandy Café..182
78. Lime Tequila Espresso..184
79. Café au brandy sucré...186
80. Café Dîner..188
81. Café à l'érable doux...190
82. Rêve de Dublin...192
83. Café Di Saronno...194
84. Café Baja..196
85. Café Praliné..198
86. Café Vodka...200
87. Café Amaretto'...202
88. Café Au Cin..204
89. Cappuccino enrichi..206

90. Café gaélique 208
91. Café au whisky de seigle 210
92. Café à l'eau-de-vie de cerise 212
93. Café Danois 214
94. Tireur de whisky 216
95. Bon vieil irlandais 218
96. Café irlandais Bushmills 220
97. Café irlandais noir 222
98. Café irlandais crémeux 224
99. Café irlandais à l'ancienne 226
100. Crème Liqueur Latte 228

CONCLUSION 230

INTRODUCTION

Bienvenue dans le monde enchanteur de "La collection de recettes d'un amateur de café". Le café, élixir des matins et muse d'innombrables conversations, est un art qui apporte joie et réconfort aux gens du monde entier. Cette collection de recettes est un hommage à la magie qui se produit lorsque des haricots de qualité rencontrent des mains créatives. De l'arôme riche d'une tasse fraîchement infusée à la texture veloutée qui danse sur votre palais, chaque gorgée de ces concoctions est un voyage de délice.

Dans ces pages, vous trouverez une gamme de recettes de café méticuleusement conçues, chacune conçue pour rehausser votre expérience du café. Que vous recherchiez une bouffée d'énergie pour commencer votre journée, un moment de réconfort tranquille ou une fin savoureuse à un repas somptueux, nos recettes s'adaptent à toutes les humeurs et à toutes les occasions. Nous nous sommes associés à des connaisseurs de café et à des experts culinaires pour nous assurer que chaque recette est un chef-d'œuvre, combinant les meilleurs ingrédients avec des techniques précises.

Rejoignez-nous alors que nous nous embarquons dans cette expédition sensorielle, plongeant dans le monde des haricots, des bières et au-delà. Des mélanges classiques qui ont résisté à l'épreuve du temps aux créations innovantes qui repoussent les limites du goût, "Brewing Bliss" est votre invitation à explorer les nuances et la polyvalence du café comme jamais auparavant.

DESSERTS AU CAFÉ

1. **Tiramisu aux baies**

Ingrédients

- 1 1/2 tasse de café infusé
- 2 cuillères à soupe de Sambuca
- 1 cuillère à soupe de sucre granulé
- Contenant de 1 livre de fromage mascarpone
- 1/4 tasse de crème épaisse
- 2 cuillères à soupe de sucre glace
- Biscuits doigts de dame
- Poudre de cacao
- 2 tasses de baies mélangées

Directions

a) Dans un bol peu profond, fouetter ensemble 1 1/2 tasse de café infusé, 2 cuillères à soupe de Sambuca et 1 cuillère à soupe de sucre granulé jusqu'à ce que le sucre soit dissous. Dans un bol séparé, fouetter ensemble un récipient de 1 livre de fromage mascarpone, 1/4 tasse de crème épaisse et 2 cuillères à soupe de sucre à glacer.

b) En utilisant suffisamment de biscuits à la cuillère pour couvrir le fond d'un plat de cuisson carré de 8 pouces, trempez les biscuits à la cuillère dans le mélange de café et disposez-les en une couche uniforme au fond du moule. Étendre la moitié du mélange de mascarpone sur le dessus. Répétez les deux couches. Saupoudrer de poudre de cacao et de 2 tasses de baies mélangées.

Réfrigérer le tiramisu pendant au moins 2 heures et jusqu'à 2 jours.

2. Crème brûlée à la chicorée

Ingrédients

- 1 cuillère à soupe de beurre
- 3 tasses de crème épaisse
- 1 1/2 tasse de sucre
- 1 tasse de café de chicorée
- 8 jaunes d'œufs
- 1 tasse de sucre brut
- 20 petits biscuits sablés

Directions

a) Préchauffer le four à 275 degrés F. Graisser 10 ramequins (4 onces). Dans une casserole, à feu moyen, mélanger la crème, le sucre et le café.

b) Fouetter jusqu'à consistance lisse. Dans un petit bol à mélanger, fouetter les œufs jusqu'à consistance lisse. Tempérer les jaunes d'œufs dans le mélange de crème chaude. Retirer du feu et laisser refroidir. Verser dans des ramequins individuels. Placer les ramequins dans un plat allant au four.

c) Remplir le plat avec de l'eau qui monte jusqu'à la moitié du ramequin. Placer au four, sur la grille du bas et cuire jusqu'à ce que le centre soit pris, environ 45 minutes à 1 heure.

d) Retirer du four et de l'eau. Refroidir complètement.

e) Réfrigérer jusqu'à refroidissement. Saupoudrer le dessus de sucre en secouant l'excédent. A l'aide d'un chalumeau à main, caraméliser le sucre sur le dessus. Servir la crème brûlée avec des biscuits sablés.

3. **Fondue Moka**

Ingrédients

- 8 onces. Chocolat mi-sucré
- 1/2 tasse d'espresso chaud ou de café
- 3 cuillères à soupe de sucre granulé
- 2 cuillères à soupe de beurre
- 1/2 cuillère à café d'extrait de vanille

Directions

a) Couper le chocolat en petits morceaux et réserver
b) Faire chauffer l'expresso et le sucre dans le caquelon à feu doux
c) Ajouter petit à petit le chocolat et le beurre en remuant
d) Ajouter de la vanille
e) Facultatif : Ajoutez une touche de crème irlandaise
f) Pour tremper : gâteau des anges, tranches de pomme, bananes, fraises, quatre-quarts, bretzels, morceaux d'ananas, guimauves

4. **tiramisu**

Portions : 6

Ingrédients :

- 4 jaunes d'œufs
- ¼ tasse de sucre blanc
- 1 cuillère à soupe d'extrait de vanille
- ½ tasse de crème fouettée
- 2 tasses de fromage mascarpone
- 30 doigts de dame
- 1 ½ tasse de café infusé glacé conservé au réfrigérateur
- ¾ tasse de liqueur Frangelico
- 2 cuillères à soupe de cacao en poudre non sucré

Directions

a) Dans un bol à mélanger, fouetter ensemble les jaunes d'œufs, le sucre et l'extrait de vanille jusqu'à consistance crémeuse.

b) Après cela, fouettez la crème fouettée jusqu'à ce qu'elle soit ferme.

c) Mélanger le fromage mascarpone et la crème fouettée.

d) Dans un petit saladier, incorporer légèrement le mascarpone aux jaunes d'œufs et réserver.

e) Mélanger la liqueur avec le café froid.

f) Tremper immédiatement les doigts de dame dans le mélange de café. Si les doigts de dame deviennent trop mouillés ou humides, ils deviendront détrempés.

g) Déposer la moitié des doigts de dame au fond d'un plat allant au four de 9 x 13 pouces.

h) Déposer la moitié du mélange de garniture sur le dessus.

i) Placez les doigts de dame restants sur le dessus.

j) Placer un couvercle sur le plat. Après cela, mettre au frais pendant 1 heure.

k) Saupoudrer de cacao en poudre.

5. Gâteau italien épicé aux pruneaux et aux pruneaux

Portions : 12 portions

Ingrédient

- 2 tasses Italien dénoyauté et en quartiers
- pruneaux, cuits jusqu'à
- Doux et frais
- 1 tasse Beurre non salé, ramolli
- 1¾ tasses Sucre en poudre
- 4 Œufs
- 3 tasses Farine tamisée
- ¼ tasse Beurre sans sel
- ½ livre Sucre en poudre
- 1½ cuillères à soupe Cacao non sucré
- Pincée de sel
- 1 cuillère à café Cannelle
- ½ cuillère à café Clou de girofle moulu
- ½ cuillère à café Muscade moulue
- 2 cuillères à café Bicarbonate de soude
- ½ tasse Lait

- 1 tasse Noix, hachées finement
- 2 Deux 3 cuillères à soupe fortes, chaudes
- Café
- ¾ cuillère à café Vanille

Itinéraire :

a) Préchauffer le four à 350°F. Beurrer et fariner un moule Bundt de 10 pouces.

b) Dans un grand saladier, crémer ensemble le beurre et le sucre jusqu'à consistance légère et mousseuse.

c) Battre les œufs un à un.

d) Mélanger la farine, les épices et le bicarbonate de soude dans un tamis. Ajouter par tiers le mélange de farine au mélange de beurre en alternant avec le lait. Ne battez que pour combiner les ingrédients.

e) Ajouter les pruneaux cuits et les noix et remuer pour combiner. Verser dans le moule préparé et cuire au four pendant 1 heure dans un four à 350 °F, ou jusqu'à ce que le gâteau commence à rétrécir des parois du moule.

f) Pour faire le glaçage, crémez ensemble le beurre et le sucre glace. Ajouter progressivement le sucre et la poudre de cacao en remuant constamment jusqu'à ce qu'ils soient complètement mélangés. Assaisonnez avec du sel.

g) Incorporer une petite quantité de café à une heure.

h) Battre jusqu'à consistance légère et mousseuse, puis ajouter la vanille et décorer le gâteau.

6. Granité au café italien

Ingrédients

- 4 tasses d'eau
- 1 tasse de café torréfié expresso moulu
- 1 tasse de sucre

Itinéraire :

a) Porter l'eau à ébullition, puis ajouter le café. Versez le café à travers une passoire. Ajouter le sucre et bien mélanger. Laisser refroidir le mélange à température ambiante.

b) Faire frire les ingrédients dans une poêle 9x13x2 pendant 20 minutes. À l'aide d'une spatule plate, grattez le mélange (j'aime utiliser une fourchette personnellement).

c) Grattez toutes les 10-15 minutes jusqu'à ce que le mélange soit épais et granuleux. Si des morceaux épais se forment, réduisez-les en purée dans un robot culinaire avant de les remettre au congélateur.

d) Servir avec une petite cuillerée de crème froide dans un beau dessert réfrigéré ou une classe Martini.

7. **Ho ney bee cortado**

Ingrédients :

- 2 doses d'espresso
- 60 ml de lait cuit à la vapeur
- 0,7 ml de sirop de vanille
- 0,7 ml de sirop de miel

Itinéraire :

a) Préparez un double expresso.

b) Porter le lait à ébullition.

c) Mélanger le café avec les sirops de vanille et de miel et bien mélanger.

d) Faire mousser une fine couche sur le mélange café/sirop en ajoutant du lait à parts égales.

8. Granit de café

Ingrédients

- 3 tasses de café noir très fort fraîchement préparé
- 1/3 tasse de sucre extrafin
- 1/4 cuillère à café d'extrait de vanille pur
- 1 tasse d'eau, réfrigérée
- 1 tasse de crème fouettée
- 2 cuillères à soupe de noisettes grillées

Directions

a) Mélanger le café chaud, le sucre et la vanille ensemble. Laisser refroidir en remuant de temps en temps jusqu'à ce que le sucre soit dissous. Ajouter l'eau glacée et verser dans un récipient pour congélateur.
b) Congeler jusqu'à consistance fondante. Casser légèrement avec une fourchette, puis continuer à congeler jusqu'à ce qu'il soit presque ferme.
c) Moudre finement la plupart des noix et écraser grossièrement le reste. Fouetter la crème jusqu'à ce qu'elle soit mousseuse et incorporer les noix moulues. Placer au congélateur les 15 dernières minutes avant de servir.
d) Réfrigérer 4 à 6 grands verres. Sortez le granité du congélateur et émiettez-le à la fourchette. Remplir les verres refroidis avec les cristaux de glace au café. Garnir d'un tourbillon de crème glacée et saupoudrer de quelques noix concassées. Ne pas recongeler plus d'une heure, puis servir directement du congélateur.

9. **Glace au café**

Ingrédients

- 1 1/4 tasse de crème légère
- 5 jaunes d'œufs
- 1/2 tasse de sucre extrafin
- 1 cuillère à café d'extrait de vanille pur
- 1 1/4 tasse d'expresso extra-fort fraîchement infusé

Directions

a) Faire chauffer la crème jusqu'à ce qu'elle commence à faire des bulles, puis refroidir légèrement.

b) Dans un grand bol résistant à la chaleur, battre les jaunes d'œufs, le sucre et la vanille jusqu'à consistance épaisse et crémeuse. Fouettez la crème chaude et le café, puis placez le bol au-dessus d'une casserole d'eau frémissante. Remuez constamment avec une cuillère en bois jusqu'à ce que la crème nappe juste le dos de la cuillère.

c) Retirer le bol du feu et laisser refroidir légèrement. Une fois complètement refroidi, verser dans une sorbetière et traiter selon les instructions du fabricant, ou utiliser la méthode de mélange à la main . Arrêtez de baratter lorsqu'il est presque ferme, transférez dans un récipient pour congélateur et laissez au congélateur pendant 15 minutes avant de servir, ou jusqu'à ce que vous en ayez besoin.

d) Cette glace est délicieuse fraîche, mais elle peut être congelée jusqu'à 3 mois. Sortir 15 minutes avant de servir pour ramollir légèrement.

e) Donne environ 1 1/4 pintes

10. Plein de crème glacée au chocolat

Ingrédients

- 3 onces de chocolat non sucré, haché grossièrement
- 1 (14 onces) peut lait concentré sucré
- 1 1/2 cuillères à café d'extrait de vanille
- 4 cuillères à soupe de beurre non salé
- 3 jaunes d'œufs
- 2 onces de chocolat mi-sucré
- 1/2 tasse de café noir fort
- 3/4 tasse de sucre cristallisé
- 1/2 tasse de crème légère
- 1 1/2 cuillères à café de rhum brun
- 2 cuillères à soupe de crème de cacao blanche
- 2 tasses de crème épaisse
- 2 onces de chocolat non sucré, finement râpé
- 1/4 cuillère à café de sel

Directions

a) Au bain-marie, faire fondre 3 onces de chocolat non sucré. Ajouter le lait en remuant jusqu'à consistance lisse. Incorporer l'extrait de vanille et retirer du feu.

b) Couper le beurre en quatre morceaux égaux et ajouter, un morceau à la fois, en remuant constamment jusqu'à ce que tout le beurre soit incorporé. Battre les jaunes jusqu'à ce qu'ils soient clairs et de couleur citron.

c) Incorporer graduellement le mélange de chocolat et continuer à remuer jusqu'à consistance lisse et crémeuse. Mettre de côté.

d) Au bain-marie, chauffer 2 onces de chocolat mi-sucré, le café, le sucre et la crème légère. Remuer constamment jusqu'à consistance lisse. Incorporer le rhum et la crème de cacao et laisser refroidir à température ambiante.

e) Combiner les deux mélanges de chocolat, la crème épaisse, le chocolat non sucré râpé et la latte dans un grand bol. Verser le mélange dans la cartouche du congélateur à crème glacée et congeler selon les instructions du fabricant.

11. Glace Chocolat Rhum

Ingrédients

- 1/4 tasse d'eau
- 2 cuillères à soupe de café instantané
- 1 paquet (6 onces) de pépites de chocolat mi-sucré
- 3 jaunes d'œufs
- 2 onces de rhum brun
- 1 1/2 tasse de crème épaisse, fouettée
- 1/2 tasse d'amandes effilées, grillées

Directions

a) Dans une petite casserole, mettre le sucre, l'eau et le café. En remuant constamment, porter à ébullition et cuire 1 minute. Placer les pépites de chocolat dans un mélangeur ou un robot culinaire, et avec le moteur en marche, verser le sirop chaud dessus et mélanger jusqu'à consistance lisse. Battre les jaunes d'œufs et le rhum et laisser refroidir légèrement. Incorporer le mélange de chocolat à la crème fouettée, puis verser dans des plats de service individuels ou un plat bombé. Parsemer d'amandes grillées. Geler.

b) Pour servir, sortir du congélateur au moins 5 minutes avant de servir.

12. Café irlandais

Ingrédients

- 1 tasse de lait entier
- 1½ cuillères à soupe de café instantané ou de poudre d'espresso
- ⅔ tasse de cassonade, tassée
- 1 œuf large
- 3 gros jaunes d'œufs
- ¼ tasse de whisky irlandais
- ½ cuillère à café d'extrait de vanille
- 2 tasses de crème épaisse

Directions

a) Mélanger le lait, le café instantané et le sucre dans une casserole moyenne. Cuire à feu moyen, en remuant pour dissoudre le sucre, jusqu'à ce que le mélange frémisse.

b) Fouetter ensemble les œufs et les jaunes d'œufs dans un grand bol. Lorsque le mélange de lait arrive à ébullition, retirez du feu et versez-le très lentement dans le mélange d'œufs pour le tempérer tout en fouettant constamment.

c) Lorsque tout le mélange de lait a été ajouté, le remettre dans la casserole et poursuivre la cuisson à feu moyen, en remuant constamment, jusqu'à ce que le mélange ait suffisamment épaissi pour napper le dos d'une cuillère, 2 à 3 minutes. Retirer du feu et incorporer le whisky, la vanille et la crème.

d) Refroidir le mélange de lait à température ambiante, puis couvrir et réfrigérer jusqu'à ce qu'il soit bien refroidi, 3 à 4 heures ou toute la nuit. Verser le mélange refroidi dans une sorbetière et congeler comme indiqué.

e) Transférer la crème glacée dans un récipient allant au congélateur et placer au congélateur. Laisser raffermir 1 à 2 heures avant de servir.

13. Mousses glacées au double chocolat

Ingrédients

- 3 à 4 cuillères à soupe de lait très chaud
- 1 enveloppe (1/4 oz) de gélatine non aromatisée
- 1 1/2 tasse de morceaux de chocolat blanc
- 4 cuillères à soupe (1/2 bâton) de beurre non salé
- 2 gros blancs d'œufs
- 1/2 tasse de sucre extrafin
- 1/2 tasse de chocolat noir finement haché (vous voulez garder un peu de texture)
- 1/2 tasse de crème épaisse, légèrement fouettée
- 1/2 tasse de yogourt à la grecque
- 18 grains de café enrobés de chocolat ou raisins secs
- 1 cuillère à café de cacao en poudre non sucré, tamisé

Directions

a) Saupoudrer la gélatine sur le lait chaud et remuer pour dissoudre. Si nécessaire, passez au micro-ondes pendant 30 secondes pour l'aider à se dissoudre. Faire fondre doucement le chocolat blanc et le beurre jusqu'à consistance lisse. Incorporer la gélatine dissoute et laisser refroidir, mais ne pas laisser raffermir à nouveau. Monter les blancs d'œufs en neige ferme, puis incorporer progressivement le sucre et incorporer le chocolat noir.

b) Mélangez délicatement le chocolat blanc refroidi, la crème fouettée, le yaourt et les blancs d'œufs. Répartir le mélange dans 6 moules individuels ou un grand moule recouvert d'un film plastique pour faciliter le démoulage. Bien aplatir les sommets. Couvrir et congeler pendant 1 à 2 heures ou toute la nuit.

c) Pour servir, desserrez les bords supérieurs avec un petit couteau. Retournez chaque moule sur une assiette de service et essuyez-le avec un chiffon chaud, ou détachez délicatement la mousse avec le film plastique. Remettez les mousses au congélateur jusqu'au moment de les déguster. Servir avec des grains de café enrobés de chocolat ou des raisins secs et un léger tamisage de chocolat en poudre.

14. Cappuccino frappé

Ingrédients

- 4 cuillères à soupe de liqueur de café
- 1/2 tasse de glace au café
- 4 cuillères à soupe
- 1/2 tasse de crème épaisse, fouettée
- 1 cuillère à soupe de cacao en poudre non sucré, tamisé

Directions

a) Verser la liqueur dans le fond de 6 verres ou tasses allant au congélateur, bien refroidir ou congeler.
b) Préparez la glace comme indiqué jusqu'à ce qu'elle soit partiellement congelée. Puis fouetter dans la pièce avec un batteur électrique jusqu'à consistance mousseuse, verser immédiatement sur la liqueur congelée et congeler à nouveau jusqu'à ce qu'elle soit ferme mais pas dure.
c) Pocher la crème fouettée sur la glace. Saupoudrez généreusement de cacao en poudre et remettez au congélateur quelques minutes jusqu'à ce que vous soyez absolument prêt à servir.

15. Brownies Moka Givrés

Ingrédients

- 1 cc de sucre
- 1/2 tasse de beurre ramolli
- 1/3 tasse de cacao à cuire
- 1 t de granulés de café instantané
- 2 œufs, battus
- 1 cuillère à soupe d'extrait de vanille
- 2/3 tasse de farine tout usage
- 1/2 t de levure chimique
- 1/4 t de sel
- 1/2 tasse de noix hachées

Directions

a) Mélanger le sucre, le beurre, le cacao et les grains de café dans une casserole. Cuire et remuer à feu moyen jusqu'à ce que le beurre soit fondu. Retirer du feu; refroidir pendant 5 minutes. Ajouter les œufs et la vanille; remuer jusqu'à ce qu'ils soient juste combinés.

b) Incorporer la farine, la poudre à pâte et le sel; incorporer les noix. Étendre la pâte dans un moule graissé de 9"x9". Cuire au four à 350 degrés pendant 25 minutes ou jusqu'à ce que le tout soit pris.

c) Refroidir dans le moule sur une grille. Étendre le glaçage au moka sur les brownies refroidis; trancher en barres. Donne une douzaine.

16.   Gâteau au café Bisquick

Ingrédients

Gâteau au café:
- 2 tasses de mélange Bisquick
- 2 cuillères à soupe de sucre
- 2/3 tasse de lait
- 1 oeuf

Garniture streusel à la cannelle :
- 1 tasse de mélange Bisquick
- 2/3 tasse de cassonade légèrement tassée
- 2 cuillères à café de cannelle moulue
- 1/4 tasse de beurre non salé

Directions

Pour la garniture Streusel
a) Dans un bol à mélanger moyen, fouetter ensemble le mélange Bisquick, la cassonade et la cannelle.
b) Ajouter le beurre coupé en dés. Utilisez vos mains pour émietter le beurre dans le mélange sec.

Pour le gâteau au café
c) Préchauffer le four à 350°F. Tapisser un plat de cuisson de 8 × 8 pouces de papier parchemin ou le graisser. Mettre de côté.
d) Dans un grand bol à mélanger, combiner le mélange Bisquick, le sucre, le lait et l'œuf à l'aide d'une spatule. Raclez le bol vers le bas.
e) Verser la pâte à gâteau dans le plat de cuisson préparé et lisser.

f) Saupoudrer uniformément la garniture de streusel sur la pâte.
g) Cuire au four de 20 à 25 minutes ou jusqu'à ce qu'un cure-dent inséré au centre en ressorte propre.
h) Laisser refroidir dans le moule pendant 20 minutes avant de couper. Servez et dégustez !

17.   Dessert à la gélatine au café

Portions : 5

Ingrédients

- ¾ tasse de sucre blanc
- 3 enveloppes (0,25 once) de poudre de gélatine non aromatisée
- 3 tasses de café infusé chaud
- 1 ⅓ tasse d'eau
- 1 cuillère à soupe de jus de citron
- 1 tasse de crème fouettée sucrée pour la garniture

Directions

a) Dans une casserole, mélanger le sucre et la gélatine. Mélanger le café chaud et l'eau. Cuire à feu doux en remuant fréquemment jusqu'à ce que la gélatine et le sucre soient complètement dissous. Retirer du feu et incorporer le jus de citron. Verser dans un moule de 4 1/2 tasses.

b) Réfrigérer jusqu'à ce qu'il soit pris, au moins 6 heures ou toute la nuit. Servir avec de la crème fouettée.

18.   Mousse au café

Portions : 4 personnes

Ingrédients

- 2 1/2 cuillères à soupe de sucre en poudre
- 4 œufs
- 3/4 tasse + 2 cuillères à soupe de crème épaisse
- 3 cuillères à soupe de poudre de café instantané
- 1 cuillère à soupe de cacao en poudre non sucré
- 1 cuillère à café de gélatine en poudre
- 1 cuillères à soupe de poudre de café instantané et de poudre de cacao, mélangées - facultatif, pour finir la mousse

Directions

a) Séparez les jaunes d'œufs et les blancs. Mettez les Jaunes d'Oeufs dans un grand bol et les Blancs dans le bol de votre Mixeur. Mettre de côté.

b) Placer la poudre de gélatine dans un petit bol avec l'eau froide, mélanger et laisser tremper.

c) Ajouter le sucre en poudre aux jaunes d'œufs et fouetter jusqu'à ce qu'ils soient mousseux et de couleur plus claire.

d) Placez la crème épaisse, la poudre de café instantané et la poudre de cacao dans une petite casserole et faites chauffer à feu doux jusqu'à ce que les poudres soient dissoutes, en remuant de temps en temps. Ne laissez pas bouillir la crème.

e) Verser la crème épaisse chaude sur le jaune d'œuf et le sucre en fouettant. Fouettez bien, puis remettez dans la casserole à feu doux. Continuez à fouetter jusqu'à ce que la crème commence à épaissir, puis retirez directement du feu et transférez dans un grand bol propre.

f) Ajouter la gélatine réhydratée à la crème et bien fouetter jusqu'à ce qu'elle soit complètement intégrée. Laisser refroidir complètement.

g) Pendant que la crème refroidit, commencez à fouetter les blancs d'œufs pour obtenir des pics fermes.

h) Lorsque la crème est froide, incorporer délicatement les Blancs d'Oeufs Montés en 3 à 4 fois. Essayez de ne pas trop travailler la crème.

i) Versez la mousse au café dans des tasses ou des bocaux individuels et placez au réfrigérateur pour prendre pendant au moins 2 heures.

j) Facultatif : au moment de servir, saupoudrez de poudre de café instantané et de poudre de cacao sur les mousses pour les finir.

19. Dessert gélosé au café et à la noix de coco

Sert : 4 portions

Ingrédients

- 1 1/2 tasse de lait de coco non sucré, ordinaire ou faible en gras
- 1 tasse de lait
- 1 tasse de sucre granulé, divisé
- 2 cuillères à soupe de poudre d'agar, divisée
- 1 cuillère à café de sel
- 2 cuillères à soupe de granulés de café instantané
- 3 tasses d'eau

Directions

a) Ajouter le lait de coco, le lait, 1/4 tasse de sucre, 1 cuillère à soupe de poudre d'agar et le sel dans une casserole de 1 litre; fouetter le mélange et porter à ébullition à feu moyen-vif, en veillant à ne pas laisser le liquide déborder. Une fois que le mélange de lait de coco a bouilli pendant 30 à 40 secondes, retirez la casserole du feu.

b) Verser le mélange de lait de coco dans le(s) moule(s) de votre choix. Laissez-le refroidir.

c) Pendant ce temps, fouetter ensemble les 3/4 tasse de sucre restants, 1 cuillère à soupe d'agar, le café instantané et l'eau dans une autre casserole et porter à ébullition à feu moyen-vif. Une fois que le mélange a bouilli pendant 30 à 40 secondes, retirez la casserole du feu.

d) Vérifiez si la couche de gélose à la noix de coco a durci. Vous ne voulez pas qu'il soit complètement solide ; sinon les deux couches ne colleront pas et glisseront l'une sur l'autre lorsque vous servirez le dessert. Avec votre doigt, touchez légèrement la surface de la couche de gélose à la noix de coco pour voir s'il y a une certaine résistance à la surface. Si c'est le cas, en tenant la casserole aussi près que possible de la surface de la couche de noix de coco, versez très doucement la couche de café sur la couche précédente.

e) Laisser prendre la gélose. Cela devrait prendre environ 40 à 45 minutes à température ambiante et 20 minutes au réfrigérateur.

20. Affogato italien

Portions 1 portion

Ingrédients
- 2 boules de glace vanille haute qualité
- 1 expresso
- 1 cuillère à soupe de noix ou de liqueur de café (facultatif)
- chocolat noir, à râper dessus

Directions

a) Préparez un expresso (un par personne). Versez 1 à 2 boules de glace à la vanille dans un grand verre ou un bol et versez-y un expresso.

b) Versez 1 cuillère à soupe de liqueur de noix de nocino ou votre liqueur de choix sur la glace et râpez dessus un peu de chocolat noir.

CAFÉ INFUSÉ AU THÉ

21. Thé de Hong Kong infusé avec du café

Ingrédients

- 1/4 tasse de feuilles de thé noir p
- 4 1/2 tasses de café infusé
- 5-8 cuillères à soupe de sucre
- 3/4 tasse moitié-moitié

Directions

a) Infusez d'abord vos feuilles de thé noir dans 4 1/2 tasses d'eau. Pendant que le thé infuse, préparez votre café avec votre méthode préférée. Assurez-vous que le thé et le café sont assez forts !

b) Lorsque le café et le thé sont prêts, mélangez-les dans un grand bol ou une carafe. Incorporer le sucre au mélange café/thé et ajouter le moitié-moitié. Bien mélanger et servir !

c) Cela fait 8 à 10 portions selon la taille de la tasse. Vous pouvez également servir ce thé frais ou avec des glaçons !

22. Café Glacé Thé

Ingrédients

- café
- thé doux
- glace
- crémier en option
- sucre facultatif

Directions

a) Placez l'insert K-cup à café dans la machine. Ajoutez de la glace dans une tasse ou un verre. Placez le sachet de thé horizontalement sur la glace pour permettre au café infusé de s'écouler à travers le sachet de thé au fur et à mesure qu'il se déverse. Laisser infuser quelques secondes après l'arrêt de l'infusion. Pressez le sachet de thé, en prenant soin de ne pas le faire éclater, puis retirez-le du verre et jetez-le.

b) Ajouter de la crème ou du sucre, si désiré.

23. Café malaisien avec thé

Ingrédients

- 1¾ tasse (438 ml) d'eau
- 9 cuillères à café (18 g) de thé noir de Ceylan en vrac
- ⅓ tasse (67 g) de Sucre Turbinado
- 1 ⅔ tasse (417 ml) de lait évaporé
- 1½ tasse (375 ml) de café fort, chaud

Directions

a) Dans une casserole, mélanger l'eau avec les feuilles de thé. À feu moyen, porter à ébullition, réduire le feu à doux et laisser mijoter; 5 minutes. Le thé doit être assez foncé.

b) Retirer la casserole ou éteindre le feu. Incorporer immédiatement le Sucre Turbinado jusqu'à ce que le sucre soit en grande partie dissous; 1 minute.

c) Incorporer le lait évaporé. Remettez la casserole sur feu moyen. Amener le mélange à ébullition, réduire le feu à doux et laisser mijoter; 3 minutes.

d) Filtrez le mélange de thé à l'aide d'un tamis à mailles fines doublé d'une étamine ou retirez les sachets de thé, le cas échéant.

e) Verser le café chaud; bien mélanger.

24. Café glacé au thé à bulles

Ingrédients

- Glaçons
- Votre café préféré, suffisamment infusé pour 4 tasses
- 3/4 tasse de perles de tapioca à cuisson rapide
- 1/2 tasse de lait entier
- 1/2 tasse de lait concentré
- Pailles de thé à bulles

Directions

a) Rangez votre café pré-infusé dans le réfrigérateur pour qu'il refroidisse complètement - quelques heures ou toute la nuit, c'est mieux.

b) Faites cuire les perles de tapioca selon les instructions sur l'emballage. (Ne les faites pas bouillir jusqu'à ce que vous soyez presque prêt à servir, ils durcissent rapidement.) Laissez refroidir dans un bol d'eau froide.

c) Transférer et diviser le tapioca dans quatre verres vides. Verser le café froid.

d) Dans un bol, fouetter délicatement le lait et le lait concentré. Répartir uniformément dans des verres à café (oh, regardez comme tout tourne joliment !).

e) Garnir de quelques glaçons, planter une paille et servir aussitôt.

25. Cocktail sans alcool au café et Earl Grey Boba

Ingrédients

- 4 onces de concentré de café à la vanille Chameleon Cold-Brew
- 3 onces de thé Earl Grey
- Flotteur de 2 onces (boisson au lait de votre choix)
- Perles de tapioca (Boba) enrobées de miel ou de sucre
- Pincée de cardamome saupoudrée sur le dessus

Directions

a) Préparez le boba et enrobez-le de miel ou de sucre.

b) Préparez du thé Earl Grey et mettez-le au frais.

c) Couvrir le fond du verre avec du boba et un peu de sucre.

d) Combinez le concentré de café à la vanille Chameleon Cold-Brew et l'Earl Grey.

e) Verser sur le boba.

f) Garnir de crème ou de boisson lactée de votre choix.

g) Saupoudrez de cardamome sur le dessus et dégustez !

26. Thé vert café-baies

Ingrédients

- 1 sachet de thé vert
- 1/3 tasse de boisson au café et aux fruits (comme les marques Kona ou Bai)
- 1 cuillère à café de zeste d'orange râpé
- Bâtonnets de cannelle
- 1 cuillère à café de miel
- 3 feuilles de basilic

Directions

a) Dans une grande tasse, ajoutez un sachet de thé vert à 6 oz. eau bouillante.

b) Ajouter la boisson café-fruits et le zeste d'orange. Utilisez des bâtons de cannelle pour incorporer le miel.

c) Déchirez les feuilles de basilic et ajoutez-les au thé. Raide, couvert, pendant 5 minutes. Retirez le sachet de thé. Servir chaud.

CAFÉ INFUSÉ AUX FRUITS

27. Frappuccino Framboise

Ingrédients :
- 2 tasses de glaçons pilés
- 1 1/4 tasse de café infusé extra fort
- 1/2 tasse de lait
- 2 cuillères à soupe de sirop de vanille ou de framboise
- 3 cuillères à soupe de sirop de chocolat
- Crème fouettée

Directions
a) Mélanger les glaçons, le café, le lait et les sirops dans un blender.
b) Mélanger jusqu'à ce que ce soit bien lisse.
c) Verser dans de grandes tasses réfrigérées ou des verres à soda.
d) Garnir de crème fouettée, arroser de chocolat et de sirop de framboise.
e) Ajouter une cerise au marasquin si désiré

28. Frappé à la mangue

Ingrédients :
- 1 1/2 tasse de mangue, coupée en morceaux
- 4-6 glaçons
- 1 tasse de lait
- 1 cuillère à soupe de jus de citron
- 2 cuillères à soupe de sucre
- 1/4 cuillère à café d'extrait de vanille

Directions
a) Placez la mangue coupée au congélateur pendant 30 minutes
b) Mélanger la mangue, le lait, le sucre, le jus de citron et la vanille dans un mélangeur. Mélanger jusqu'à consistance lisse.
c) Ajouter des glaçons et mélanger jusqu'à ce que les glaçons soient également lisses.
d) Sers immédiatement.

29. Café Framboise

Ingrédients :
- 1/4 tasse de cassonade
- Marc de café pour un pot de 6 tasses de café ordinaire
- 2 cuillères à café d'extrait de framboise

Directions
a) Placer l'extrait de framboise dans la cafetière vide
b) Placer la cassonade et le marc de café dans le filtre à café
c) Ajouter les 6 tasses d'eau vers le haut et brasser le pot.

30. Café de Noël

Ingrédients :
- 1 pot de café (équivalent 10 tasses)
- 1/2 tasse de sucre
- 1/3 tasse d'eau
- 1/4 tasse de cacao non sucré
- 1/4 cuillère à café de cannelle
- 1 pincée de muscade râpée
- Crème fouettée pour le nappage

Directions

a) Préparez une cafetière.
b) Dans une casserole moyenne, chauffer l'eau à faible ébullition. Ajouter le sucre, le cacao, la cannelle et la muscade.
c) Ramener à faible ébullition pendant environ une minute - en remuant de temps en temps.
d) Mélanger le café et le mélange cacao/épices et servir nappé de crème fouettée.

31. Café riche à la noix de coco

Ingrédients :
- 2 tasses Moitié-moitié
- 15 onces. Peut crème de noix de coco
- 4 tasses de café infusé chaud
- Crème fouettée sucrée

Directions
a) Porter à ébullition le moitié-moitié et la crème de noix de coco dans une casserole à feu moyen en remuant constamment.
b) Incorporer le café.
c) Servir avec de la chantilly sucrée.

32. Chocolat Banane Café

Ingrédients :
- Préparez un pot de 12 tasses de votre café habituel
- Ajouter 1/2-1 cuillère à café d' extrait de banane
- Ajouter 1-11/2 cuillères à café de cacao

Directions
a) Combiner
b) Si simple... et parfait pour une maison pleine d'invités

33. Café Forêt Noire

Ingrédients :
- 6 onces. Café fraîchement moulu
- 2 cuillères à soupe de sirop de chocolat
- 1 cuillère à soupe de jus de cerise au marasquin
- Crème fouettée
- Chocolat rasé
- Cerises au marasquin

Directions
a) Mélanger le café, le sirop de chocolat et le jus de cerise dans une tasse. Bien mélanger.
b) Garnir de crème fouettée, de copeaux de chocolat et d'une cerise ou 2.

34. Café au marasquin

Ingrédients :
- 1 tasse de café noir
- 1 once. Amaretto
- Garniture fouettée Rediwhip
- 1 cerise au marasquin

Directions
a) Remplissez une tasse à café ou une tasse de café noir chaud. Incorporer l'amaretto.
b) Garnir de garniture fouettée rediwhip et d'une cerise.

35. Café au chocolat et aux amandes

Ingrédients :
- 1/3 tasse de café moulu
- 1/4 cuillères à café de muscade fraîchement moulue
- 1/2 cuillère à café d'extrait de chocolat
- 1/2 cuillères à café d'extrait d'amande
- 1/4 tasse d'amandes grillées, hachées

Directions

a) Traiter la noix de muscade et le café, ajouter les extraits. Traiter 10 secondes de plus. Mettre dans un bol et remuer aux amandes. Conserver au réfrigérateur.
b) Donne 8 portions de six onces. Pour infuser : placez le mélange dans le filtre d'une cafetière filtre automatique.
c) Ajouter 6 tasses d'eau et infuser

36. Soda au café

Ingrédients :
- 3 tasses de café réfrigéré à double concentration
- 1 cuillère à soupe de sucre
- 1 tasse Moitié-moitié
- 4 boules (1 pinte) de glace au café
- 3/4 tasse de soda club réfrigéré
- Crème fouettée sucrée
- 4 cerises au marasquin,
- Garniture-coquilles de chocolat ou cacao

Directions
a) Mélanger le café et le mélange de sucre dans le moitié-moitié.
b) Remplir à moitié 4 grands verres à soda avec le mélange de café
c) Ajouter une boule de glace et remplir les verres à ras bord avec le soda.
d) Garnir de crème fouettée, de chocolat ou de cacao.
e) Super régal pour les fêtes
f) Utilisez un déca pour les fêtes avec des jeunes

37. Moka mi-sucré

Ingrédients :
- 125 grammes. Chocolat mi-sucré
- 1 cuillère à soupe de sucre
- 1/4 tasse de crème à fouetter
- 4 tasses de café fort chaud
- Crème fouettée
- Zeste d'orange râpé

Directions

a) Faire fondre le chocolat dans une casserole à fond épais à feu doux.
b) Incorporer le sucre et la crème fouettée.
c) Incorporer le café à l'aide d'un fouet, 1/2 tasse à l'heure; continuer jusqu'à consistance mousseuse.
d) Garnir de crème fouettée et saupoudrer de zeste d'orange râpé.

38. Café Viennois

Ingrédients :
- 2/3 tasse de café instantané sec
- 2/3 tasse de sucre
- 3/4 tasse de crémier non laitier en poudre
- 1/2 cuillère à café de cannelle
- Dash chaque piment de la Jamaïque moulu, clous de girofle et noix de muscade.

Directions
a) Mélanger tous les ingrédients ensemble et conserver dans un bocal hermétique.
b) Mélanger 4 cuillères à café avec une tasse d'eau chaude.
c) Cela fait un merveilleux cadeau.
d) Placer tous les ingrédients dans un bocal à conserves.
e) Décorez avec un ruban et une étiquette volante.
f) L'étiquette volante doit contenir les instructions de mélange dactylographiées.

39. Espresso Romano

Ingrédients :
- 1/4 tasse de café moulu fin
- 1 1/2 tasse d'eau froide
- 2 bandes de zeste de citron

Directions
a) Placer le café moulu dans le filtre d'une cafetière filtre
b) Ajouter de l'eau et infuser selon les instructions d'infusion de la machine
c) Ajouter du citron dans chaque tasse
d) Servir

CAFÉ INFUSÉ AU CACAO

40. Cappuccino moka glacé

Ingrédients :
- 1 cuillères à soupe de sirop de chocolat
- 1 tasse d'espresso double chaud ou de café très fort
- 1/4 tasse Moitié-moitié
- 4 glaçons

Directions
a) Incorporer le sirop de chocolat dans le café chaud jusqu'à ce qu'il soit fondu. Dans un mélangeur, mélanger le café avec le moitié-moitié et les glaçons.
b) Mixez à grande vitesse pendant 2 à 3 minutes.
c) Servir immédiatement dans un grand verre froid.

41. Café glacé original

Ingrédients :
- 1/4 tasse de café ; instantané, régulier ou décaféiné
- 1/4 tasse de sucre
- 1 litre ou quart de lait froid

Directions

a) Dissoudre le café instantané et le sucre dans l'eau chaude. Incorporer 1 litre ou quart de lait froid et ajouter de la glace. Pour la saveur moka, utilisez du lait au chocolat et ajoutez du sucre au goût.
b) Dissoudre 1 cuillère à soupe de café instantané et 2 cuillères à café de sucre dans 1 cuillère à soupe d'eau chaude.
c) Ajouter 1 tasse de lait froid et remuer.
d) Vous pouvez sucrer avec un édulcorant hypocalorique à la place du sucre

42. Café aromatisé au moka

Ingrédients :
- 1/4 tasse de crème non laitière sèche
- 1/3 tasse de sucre
- 1/4 tasse de café instantané sec
- 2 cuillères à soupe de cacao

Directions

a) Placer tous les ingrédients dans le mélangeur, battre à puissance élevée jusqu'à ce qu'ils soient bien mélangés. Mélanger 1 1/2 cuillères à soupe avec une tasse d'eau chaude.

b) Conserver dans un bocal hermétique. Comme un pot de conserve.

43. Moka mexicain épicé

Ingrédients :
- 6 onces de café fort
- 2 cuillères à soupe de sucre en poudre
- 1 cuillères à soupe de poudre de chocolat moulu non sucré
- 1/4 cuillère à café de cannelle Cassia vietnamienne
- 1/4 cuillère à café de piment jamaïcain
- 1/8 cuillère à café de poivre de Cayenne
- 1-3 cuillères à soupe de crème épaisse ou moitié-moitié

Directions
a) Dans un petit bol, mélanger tous les ingrédients secs ensemble.
b) Verser le café dans une grande tasse, incorporer le mélange de cacao, jusqu'à consistance lisse.
c) Ajoutez ensuite la crème selon votre goût.

44. Café au chocolat

Ingrédients :
- 2 cuillères à soupe de café instantané
- 1/4 tasse de sucre
- 1 trait de sel
- 1 once. Chocolat non sucré de Square
- 1 tasse d'eau
- 3 tasses de lait
- Crème fouettée

Directions
a) Dans une casserole, mélanger le café, le sucre, le sel, le chocolat et l'eau ; remuer à feu doux jusqu'à ce que le chocolat soit fondu. Laisser mijoter 4 minutes en remuant constamment.
b) Ajouter graduellement le lait en remuant constamment jusqu'à ce qu'il soit chaud.
c) Lorsqu'il est bien chaud, retirer du feu et battre au batteur rotatif jusqu'à ce que le mélange soit mousseux.
d) Verser dans des coupelles et déposer une cuillerée de crème fouettée sur la surface de chacune.

45. Café moka à la menthe poivrée

Ingrédients :
- 6 tasses de café fraîchement infusé
- 1 1/2 tasse de lait
- 4 onces de chocolat mi-sucré
- 1 cuillère à café d'extrait de menthe poivrée
- 8 bâtons de menthe poivrée

Directions

a) Placer le café, le lait, le chocolat dans une grande casserole à feu doux pendant 5 à 7 minutes ou jusqu'à ce que le chocolat ait fondu, que le mélange soit chaud, remuer de temps en temps.
b) Incorporer l'extrait de menthe poivrée
c) Verser dans des tasses
d) Garnir d'un bâton de menthe poivrée

46. Moka Italien Espresso

Ingrédients :
- 1 tasse de café instantané
- 1 tasse de sucre
- 4 1/2 tasses de lait en poudre sans gras
- 1/2 tasse de cacao

Directions
a) Mélanger tous les ingrédients ensemble.
b) Passer au mélangeur jusqu'à ce qu'il soit réduit en poudre.
c) Utilisez 2 cuillères à soupe pour une petite tasse d'eau chaude.
d) Servir dans des tasses à expresso
e) Donne environ 7 tasses de mélange
f) Conserver dans un bocal à couvercle hermétique.
g) Les pots de conserve fonctionnent bien pour le stockage du café.

47. Cafés au chocolat

Ingrédients :
- 1/4 tasse d'espresso instantané
- 1/4 tasse de cacao instantané
- 2 tasses d'eau bouillante - il est préférable d'utiliser de l'eau filtrée
- Crème fouettée
- zeste d'orange finement râpé ou cannelle moulue

Directions

a) Mélanger le café et le cacao. Ajouter de l'eau bouillante et remuer pour dissoudre. Verser dans des coupes demi-tasse. Garnir chaque portion de crème fouettée, de zeste d'orange râpé et d'une pincée de cannelle.

48. Chocolat Amaretto Café

Ingrédients :
- Grains de café Amaretto
- 1 cuillère à soupe d'extrait de vanille
- 1 cuillère à café d'extrait d'amande
- 1 cuillère à café de cacao en poudre
- 1 cuillère à café de sucre
- Crème fouettée pour garnir

Directions
a) Café moulu.
b) Ajouter l'extrait de vanille et d'amande 1 cuillère à café de cacao et 1 cuillère à café de sucre par tasse.
c) Garnir de crème fouettée

49. Flotteur de café au chocolat et à la menthe

Ingrédients :
- 1/2 tasse de café chaud
- 2 cuillères à soupe de liqueur de crème de cacao
- 1 boule de glace à la menthe et aux pépites de chocolat

Directions
a) Pour chaque portion, combiner 1/2 tasse de café et 2 cuillères à soupe
b) s de la liqueur.
c) Garnir d'une boule de glace.

50. Café Cacao

Ingrédients :
- 1/4 tasse de crémier non laitier en poudre
- 1/3 tasse de sucre
- 1/4 tasse de café instantané sec
- 2 cuillères à soupe de cacao

Directions

a) Placer tous les ingrédients dans un mélangeur, mélanger à puissance élevée jusqu'à ce qu'ils soient bien mélangés.
b) Conserver dans un pot de conserve hermétique.
c) Mélanger 1 1/2 cuillères à soupe avec 3/4 tasse d'eau chaude

51. Cacao Noisette Moka

Ingrédients :
- 3/4 oz. Kahlua
- 1/2 tasse de café chaud aux noisettes
- 1 cuillère à café de Nestlé Quick
- 2 cuillères à soupe moitié-moitié

Directions
a) Mélanger tous les ingrédients .
b) S tues

52. Chocolat Menthe Café

Ingrédients :
- 1/3 tasse de café moulu
- 1 cuillère à café d'extrait de chocolat
- 1/2 cuillère à café d'extrait de menthe
- 1/4 cuillère à café d'extrait de vanille

Directions
a) Placer le café dans le mélangeur.
b) Dans une tasse, combiner les extraits, ajouter les extraits au café.
c) Mélanger jusqu'à ce que le tout soit mélangé, quelques secondes seulement.
d) Conserver au réfrigérateur

53. Café au lait

Ingrédients :
- 2 tasses de lait
- 1/2 tasse de crème épaisse

- 6 tasses de café Louisiane

Directions
a) Mélanger le lait et la crème dans une casserole; porter à ébullition (des bulles se formeront autour du bord de la casserole), puis retirer du feu.
b) Versez une petite quantité de café dans chaque tasse à café.
c) Verser le reste du mélange de café et de lait chaud jusqu'à ce que les tasses soient remplies aux 3/4 environ.
d) Le lait écrémé peut remplacer le lait entier et la crème.

54. Café italien au chocolat

Ingrédients :
- 2 tasses de café fort chaud
- 2 tasses de cacao chaud traditionnel - essayez la marque Hershey
- Crème fouettée
- Zeste d'orange râpé

Directions
a) Mélangez 1/2 tasse de café et 1/2 tasse de cacao dans chacune des 4 tasses.
b) Garnir de crème fouettée; saupoudrer de zeste d'orange râpé.

55. Moka mi-sucré

Ingrédients :
- 125 grammes. Chocolat mi-sucré
- 1 cuillère à soupe de sucre
- 1/4 tasse de crème à fouetter
- 4 tasses de café fort chaud
- Crème fouettée
- Zeste d'orange râpé

Directions
a) Faire fondre le chocolat dans une casserole à fond épais à feu doux.
b) Incorporer le sucre et la crème fouettée.
c) Incorporer le café à l'aide d'un fouet, 1/2 tasse à l'heure; continuer jusqu'à consistance mousseuse.
d) Garnir de crème fouettée et saupoudrer de zeste d'orange râpé.

CAFÉ INFUSÉ D'ÉPICES

56. Café aux épices à l'orange

Ingrédients :
- 1/4 tasse de café moulu
- 1 cuillères à soupe de zeste d'orange râpé
- 1/2 cuillère à café d'extrait de vanille
- 1 1/2 bâtons de cannelle

Directions
a) Placer le café et le zeste d'orange dans un mélangeur ou un robot culinaire.
b) Arrêtez le processeur assez longtemps pour ajouter la vanille.
c) Traiter 10 secondes de plus.
d) Placer le mélange dans un pichet en verre avec les bâtons de cannelle et réfrigérer.

57. Crémier au café épicé

Ingrédients :
- 2 tasses Nestlé's quick
- 2 tasses de crème à café en poudre
- 1/2 tasse de sucre en poudre
- 3/4 cuillères à café de cannelle
- 3/4 cuillères à café de muscade

Directions
a) Mélanger tous les ingrédients ensemble et conserver dans un bocal hermétique.
b) Mélanger 4 cuillères à café avec une tasse d'eau chaude

58. Café épicé à la cardamome

Ingrédients :
- 3/4 tasse de café moulu
- 2 2/3 tasses d'eau
- Cardamome moulue
- 1/2 tasse de lait condensé sucré

Directions
a) Préparez du café dans une cafetière goutte à goutte ou à percolateur.
b) Verser dans 4 tasses.
c) À chaque portion, ajoutez une pincée de cardamome et 2 cuillères à soupe de lait concentré.
d) Remuer
e) Servir

59. Café de Ola

Ingrédients :
- 8 tasses d'eau filtrée
- 2 petits bâtons de cannelle
- 3 clous de girofle entiers
- 4 onces de cassonade foncée
- 1 carré de chocolat mi-sucré ou de chocolat mexicain
- 4 onces de café moulu

Directions
a) Amenez l'eau à ébullition.
b) Ajouter la cannelle, les clous de girofle, le sucre et le chocolat.
c) Porter à nouveau à ébullition, écumer l'éventuelle mousse.
d) Réduire le feu à doux et NE PAS LAISSER BOUILLIR
e) Ajouter le café et laisser infuser 5 minutes.

60. Café Vanille Amande

Ingrédients :
- 1/3 tasse de café moulu
- 1 cuillère à café d'extrait de vanille
- 1/2 cuillère à café d'extrait d'amande
- 1/4 cuillère à café de graines d'anis

Directions
a) Mettre le café dans un mixeur
b) Mélanger les ingrédients restants dans une tasse séparée
c) Ajouter l'extrait et les graines au café dans le mélangeur
d) Traiter jusqu'à ce que combiné
e) Utilisez le mélange comme d'habitude lors de la préparation du café
f) Donne des portions de 8 à 6 onces
g) Conserver la portion inutilisée au réfrigérateur

61. Java arabe

Ingrédients :
- 1 pinte d'eau filtrée
- 3 cuillères à soupe de café
- 3 cuillères à soupe de sucre
- 1/4 cuillère à café de cannelle
- 1/4 cuillère à café de Cardamome
- 1 cuillère à café de vanille ou de sucre vanillé

Directions

a) Mélanger tous les ingrédients dans une casserole et chauffer jusqu'à ce que la mousse se forme sur le dessus.
b) Ne pas passer à travers un filtre.
c) Remuer avant de servir

62. Café au miel

Ingrédients :
- 2 tasses de café frais
- 1/2 tasse de lait
- 4 cuillères à soupe de miel
- 1/8 cuillère à café de cannelle
- Tiret de noix de muscade ou de piment de la Jamaïque
- Goutte ou 2 d'Extrait de Vanille

Directions
a) Faire chauffer les ingrédients dans une casserole, mais ne pas faire bouillir.
b) Bien mélanger pour combiner les ingrédients.
c) Un délicieux café dessert.

63. Café Vienne Désir

Ingrédients :
- 1/2 tasse de café instantané
- 2/3 tasse de sucre
- 2/3 tasse de lait écrémé en poudre
- 1/2 cuillère à café de cannelle
- 1 pincée de clous de girofle - ajuster au goût
- 1 pincée de piment de la Jamaïque - ajuster au goût
- 1 pincée de muscade ajuster à la clé

Directions
a) Mélanger tous les ingrédients ensemble
b) Utilisez un mélangeur pour mélanger en une poudre très fine. Utilisez 1 cuillère à soupe par tasse d'eau chaude filtrée.

64. Café épicé à la cannelle

Ingrédients :
- 1/3 tasse de café instantané
- 3 cuillères à soupe de sucre
- 8 clous de girofle entiers
- Cannelle en bâton de 3 pouces
- 3 tasses d'eau
- Crème fouettée
- Cannelle moulue

Directions
a) Mélanger 1/3 tasse de café instantané, 3 cuillères à soupe de sucre, des clous de girofle, du bâton de cannelle et de l'eau.
b) Couvrir, porter à ébullition. Retirer du feu et laisser reposer, couvert, environ 5 minutes pour infuser.
c) Souche. Verser dans des coupes et garnir chacune d'une cuillerée de crème fouettée. Ajouter une pincée de cannelle.

65. Espresso à la cannelle

Ingrédients :
- 1 tasse d'eau froide
- 2 cuillères à soupe de café expresso moulu
- 1/2 bâton de cannelle (3" de long)
- 4 cuillères à café de crème de cacao
- 2 cuillères à café de cognac
- 2 cuillères à soupe de crème à fouetter, froide
Chocolat mi-sucré râpé pour garnir

Directions
a) Utilisez votre machine à expresso pour ce café ou un café très fort avec une petite quantité d'eau filtrée.
b) Cassez un bâton de cannelle en petits morceaux et ajoutez-le à l'espresso chaud.
c) Laisser refroidir 1 minute.
d) Ajouter la crème de cacao et le cognac et remuer doucement. Verser dans la demi-tasse
e) Tasses. Fouetter la crème et faire flotter un peu de crème sur chaque tasse. Garnir de chocolat râpé ou de copeaux de chocolat.

66. Café épicé mexicain

Ingrédients :
- 3/4 tasse de cassonade, bien tassée
- 6 clous de girofle
- 6 juliennes de zeste d'orange
- 3 bâtons de cannelle
- 6 cuillères à soupe . Du vrai café infusé

Directions

a) Dans une grande casserole, chauffer 6 tasses d'eau avec la cassonade, les bâtons de cannelle et les clous de girofle à feu modérément élevé jusqu'à ce que le mélange soit chaud, mais ne le laissez pas bouillir. Ajouter le café, porter le mélange à ébullition en remuant de temps en temps, pendant 3 minutes.

b) Filtrer le café à travers une passoire fine et servir dans des tasses à café avec le zeste d'orange.

67. Café aux œufs vietnamien

Ingrédients :
- 1 oeuf
- 3 cuillères à café de café vietnamien en poudre
- 2 cuillères à café de lait concentré sucré
- Eau bouillante

Directions

a) Préparez une petite tasse de café vietnamien.
b) Cassez un œuf et jetez les blancs.
c) Mettez le jaune et le lait concentré sucré dans un petit bol profond et fouettez vigoureusement jusqu'à ce que vous obteniez un mélange mousseux et moelleux comme celui ci-dessus.
d) Ajoutez une cuillère à soupe de café infusé et fouettez-le.
e) Dans une tasse à café transparente, versez votre café infusé, puis ajoutez le mélange d'œufs moelleux sur le dessus.

68. Café turc

Ingrédients :
- 3/4 tasse d'eau
- 1 cuillère à soupe de sucre
- 1 cuillères à soupe de café pulvérisé
- 1 gousse de cardamome

Directions
a) Porter à ébullition l'eau et le sucre.
b) Retirer du feu - ajouter le café et la cardamome
c) Remuez bien et remettez sur le feu.
d) Lorsque le café mousse, retirez du feu et laissez le marc se déposer.
e) Répétez encore deux fois. Verser dans des tasses.
f) Le marc de café doit se déposer avant de boire.
g) Vous pouvez servir le café avec la dosette de cardamome dans la tasse - votre choix

Conseils pour le café turc
h) Doit toujours être servi avec de la mousse sur le dessus
i) Vous pouvez demander que votre café soit moulu pour le café turc - c'est une consistance de poudre.
j) Ne pas remuer après avoir versé dans des tasses car la mousse s'effondrera
k) Toujours utiliser de l'eau froide lors de la préparation
l) La crème ou le lait ne sont jamais ajoutés au café turc ; cependant, le sucre est facultatif

69. Lattes épicés à la citrouille

Ingrédients :
- 2 cuillères à soupe de potiron en conserve
- 1/2 cuillère à café d'épices pour tarte à la citrouille, et plus pour garnir
- Poivre noir fraîchement moulu
- 2 cuillères à soupe de sucre
- 2 cuillères à soupe d'extrait de vanille pur
- 2 tasses de lait entier
- 1 à 2 doses d'espresso, environ 1/4 tasse
- 1/4 tasse de crème épaisse, fouettée jusqu'à formation de pics fermes

Directions

a) Chauffer la citrouille et les épices : dans une petite casserole à feu moyen, cuire la citrouille avec les épices pour tarte à la citrouille et une généreuse portion de poivre noir pendant 2 minutes ou jusqu'à ce qu'elle soit chaude et sente la cuisson. Remuer constamment.

b) Ajouter le sucre et remuer jusqu'à ce que le mélange ressemble à un sirop épais et bouillonnant.

c) Fouetter le lait et l'extrait de vanille. Réchauffez doucement à feu moyen en surveillant attentivement pour vous assurer qu'il ne déborde pas.

d) Mélangez soigneusement le mélange de lait avec un mélangeur à main ou dans un mélangeur traditionnel (maintenez fermement le couvercle avec un épais tampon de serviettes !) jusqu'à ce qu'il soit mousseux et mélangé.

e) Mélangez les boissons : préparez l'expresso ou le café et répartissez-le dans deux tasses et ajoutez la mousse de lait.
f) Garnir de crème fouettée et saupoudrer d'épices pour tarte à la citrouille, de cannelle ou de muscade si désiré.

70. Latté Caramel

Ingrédients :
- 2 onces d'espresso
- 10 onces de lait
- 2 cuillères à soupe de sauce au caramel maison et plus pour arroser
- 1 cuillère à soupe de sucre (facultatif)

Directions

a) Versez l'espresso dans une tasse.
b) Placez le lait dans un grand verre ou un bocal en verre et passez au micro-ondes pendant 30 secondes jusqu'à ce qu'il soit très chaud mais pas bouillant.
c) Sinon, faites chauffer le lait dans une casserole à feu moyen pendant environ 5 minutes jusqu'à ce qu'il soit très chaud mais non bouillant, en le surveillant attentivement.
d) Ajouter la sauce au caramel et le sucre (le cas échéant) au lait chaud et remuer jusqu'à ce qu'ils se dissolvent.
e) À l'aide d'un mousseur à lait, faites mousser le lait jusqu'à ce que vous ne voyiez plus de bulles et que vous ayez une mousse épaisse, 20 à 30 secondes. Faites tourbillonner le verre et tapotez-le légèrement sur le comptoir à plusieurs reprises pour faire éclater les plus grosses bulles. Répétez cette étape si nécessaire.
f) À l'aide d'une cuillère pour retenir la mousse, versez le lait dans l'espresso. Verser le reste de mousse dessus.

CAFÉ INFUSÉ À L'ALCOOL

71. Café au Rhum

Ingrédients :
- 12 onces. Du café fraîchement moulu, de préférence du chocolat à la menthe ou du chocolat suisse
- 2 oz. Ou plus 151 Chambres
- 1 grosse boule de chantilly
- 1 once. Crème irlandaise de Bailey
- 2 cuillères à soupe de sirop de chocolat

Directions
a) Moudre le café frais.
b) Brasser.
c) Dans une grande tasse, mettez les 2+ oz. de 151 pièces dans le bas.
d) Versez le café chaud dans la tasse aux 3/4 de la hauteur.
e) Ajouter la crème irlandaise Bailey's.
f) Remuer.
g) Garnir de chantilly fraîche et arroser de sirop au chocolat.

72. Café irlandais Kahlua

Ingrédients :
- 2 oz. Kahlua ou liqueur de café
- 2 oz. Whisky irlandais
- 4 tasses de café chaud
- 1/4 tasse de crème à fouetter, fouettée

Directions
a) Verser une demi-once de liqueur de café dans chaque tasse. Ajouter une demi-once de whisky irlandais à chacun
b) tasse. Verser le café chaud fraîchement infusé fumant, remuer. Cuillère deux tas
c) à soupe de crème fouettée sur chacune. Servir chaud, mais pas trop chaud pour ne pas vous brûler les lèvres.

73. Cappuccino irlandais de Bailey

Ingrédients :
- 3 onces. Crème irlandaise de Bailey
- 5 onces. café chaud -
- Garniture de dessert en conserve
- 1 trait de noix de muscade

Directions
a) Versez la crème irlandaise Bailey's dans une tasse à café.
b) Remplir de café noir chaud. Garnir d'une seule pulvérisation de garniture à dessert.
c) Garniture à dessert saupoudrée d'un soupçon de noix de muscade

74. Café au Brandy

Ingrédients :
- 3/4 tasse de café fort chaud
- 2 onces de Brandy
- 1 cuillère à café de sucre
- 2 onces de crème épaisse

Directions
a) Versez le café dans une grande tasse. Ajouter le sucre et remuer pour le dissoudre.
b) Ajouter le Brandy et remuer à nouveau. Versez la crème, sur le dos d'une cuillère à café tout en la tenant, légèrement au-dessus du dessus du café dans la tasse. Cela lui permet de flotter.
c) Servir.

75. Kahlua et sauce au chocolat

Ingrédients :
- 6 tasses de café chaud
- 1 tasse de sirop de chocolat
- 1/4 tasse de Kahlua
- $\frac{1}{8}$ cuillères à café de cannelle moulue
- Crème fouettée

Directions
a) Mélanger le café, le sirop de chocolat, le Kahlua et la cannelle dans un grand récipient ; bien mélanger.
b) Sers immédiatement. Garnir de crème fouettée.

76. Liqueur de café maison

Ingrédients :
- 4 tasses de sucre
- 1/2 tasse de café instantané - utiliser de l'eau filtrée
- 3 tasses d'eau
- 1/4 cuillère à café de sel
- 1 1/2 tasse de vodka, à haute résistance
- 3 cuillères à soupe de vanille

Directions
a) Mélanger le sucre et l'eau; faire bouillir jusqu'à ce que le sucre se dissolve. Réduire le feu pour laisser mijoter et laisser mijoter 1 heure.
b) REFROIDISSEMENT FACILE.
c) Incorporer la vodka et la vanille.

77. Kahlua Brandy Café

Ingrédients :
- 1 once de Kahlua
- 1/2 once de brandy
- 1 tasse de café chaud
- Crème fouettée pour la garniture

Directions
a) Ajouter Kahlua et brandy au café
b) Garnir de crème fouettée

78. Lime Tequila Espresso

Ingrédients :
- Double dose d'espresso
- 1 verre de Tequila blanche
- 1 citron vert frais

Directions
a) Passez une tranche de citron vert sur le bord d'un verre à expresso.
b) Versez une double dose d'espresso sur de la glace.
c) Ajoutez un seul shot de Tequila blanche
d) Servir

79. Café au brandy sucré

Ingrédients :
- 1 tasse de café fraîchement infusé
- 1 once. Liqueur de café
- 1 cuillère à café de sirop de chocolat
- 1/2 oz. Brandy
- 1 trait de cannelle
- Crème fouettée sucrée

Directions
a) Mélanger la liqueur de café, le brandy, le sirop de chocolat et la cannelle dans une tasse. Remplir de café fraîchement infusé.
b) Garnir de crème fouettée.

80. Café Dîner

Ingrédients :
- 3 tasses de café décaféiné très chaud
- 2 cuillères à soupe de sucre
- 1/4 tasse de rhum clair ou foncé

Directions
a) Mélanger le café très chaud, le sucre et le rhum dans une casserole chauffée.
b) Doubler au besoin.

81. Café à l'érable doux

Ingrédients :
- 1 tasse moitié-moitié
- 1/4 tasse de sirop d'érable
- 1 tasse de café infusé chaud
- Crème fouettée sucrée

Directions
a) Cuire le moitié-moitié et le sirop d'érable dans une casserole à feu moyen. Remuer constamment, jusqu'à ce que le tout soit bien chaud. Ne laissez pas le mélange bouillir.
b) Incorporer le café et servir avec de la crème fouettée sucrée.

82. Rêve de Dublin

Ingrédients :

- 1 cuillères à soupe de café instantané
- 1 1/2 cuillères à soupe de chocolat chaud instantané
- 1/2 oz. Liqueur de crème irlandaise
- 3/4 tasse d'eau bouillante
- 1/4 tasse de crème fouettée

Directions
a) Dans un verre à Irish coffee, mettre tous les ingrédients sauf la chantilly.
b) Remuer jusqu'à ce que le tout soit bien mélangé et garnir de crème fouettée.

83. Café Di Saronno

Ingrédients :
- 1 once. Di saronno amaretto
- 8 onces. Café
- Crème fouettée

Directions
a) Mélanger Di Saronno Amaretto avec du café, puis garnir de crème fouettée.
b) Servir dans des tasses à café irlandais.

84. Café Baja

Ingrédients :
- 8 tasses d'eau chaude
- 3 cuillères à soupe de granulés de café instantané
- 1/2 tasse de liqueur de café
- 1/4 tasse de liqueur de crème de cacao
- 3/4 tasse de crème fouettée
- 2 cuillères à soupe de chocolat mi-sucré, râpé

Directions

a) Dans la mijoteuse, mélanger l'eau chaude, le café et les liqueurs.
b) Couvrir et chauffer à LOW 2-4 heures. Verser dans des tasses ou des verres résistants à la chaleur.
c) Garnir de crème fouettée et de chocolat râpé.

85. Café Praliné

Ingrédients :
- 3 tasses de café infusé chaud
- 3/4 tasse moitié-moitié
- 3/4 tasses de cassonade bien tassée
- 2 cuillères à soupe de beurre ou de margarine
- 3/4 tasse de liqueur pralinée
- Crème fouettée sucrée

Directions

a) Cuire les 4 premiers ingrédients dans une grande casserole à feu moyen, en remuant constamment, jusqu'à ce qu'ils soient bien chauds, ne pas faire bouillir.

b) Incorporer la liqueur; servir avec de la crème fouettée sucrée.

86. Café Vodka

Ingrédients :

- 2 tasses de cassonade foncée bien tassée
- 1 tasse de sucre blanc
- 2 1/2 tasses d'eau
- 4 tasses de morceaux de noix de pécan
- 4 gousses de vanille fendues dans le sens de la longueur
- 4 tasses de vodka

Directions

a) Mélanger la cassonade, le sucre blanc et l'eau dans une casserole à feu moyen, jusqu'à ce que le mélange commence à bouillir. Réduire le feu et laisser mijoter 5 minutes.

b) Placer les gousses de vanille et les noix de pécan dans un grand bocal en verre (car cela fait 4 1/2 tasses Verser le mélange chaud dans le bocal et laisser refroidir. Ajouter la vodka

c) Couvrir hermétiquement et conserver dans un endroit sombre. Retournez le bocal chaque jour pendant les 2 semaines suivantes pour conserver tous les ingrédients combinés. Après 2 semaines, filtrer le mélange en jetant les solides.

87. Café Amaretto'

Ingrédients :
- 1 1/2 tasse d'eau tiède
- 1/3 tasse d'amaretto
- 1 cuillère à soupe de cristaux de café instantané
- Garniture de crème fouettée

Directions
a) Mélangez l'eau et les cristaux de café instantané dans un plat allant au micro-ondes.
b) Cuire au micro-ondes à découvert, à 100 % de puissance pendant environ 3 minutes ou jusqu'à ce que la vapeur soit chaude.
c) Incorporer l'Amaretto. Servir dans des tasses en verre transparent. Garnir chaque tasse de mélange de café avec une garniture à dessert.

88. Café Au Cin

Ingrédients :
- 1/4 tasse de sirop d'érable; pur
- 1/2 tasse de whisky de seigle
- 3 tasses de café ; chaud, noir, double force

Garnitures :
- 3/4 tasse de crème fouettée
- 4 cuillères à café de sirop d'érable pur

Directions
a) Garniture-Fouettez le 3/4 tasse de crème fouettée avec les 4 cuillères à café de sirop d'érable jusqu'à ce qu'il forme un monticule mou.
b) Répartir le sirop d'érable et le whisky dans 4 tasses en verre résistant à la chaleur préchauffées.
c) Verser le café à 1 pouce du haut.
d) Verser la garniture sur le café.
e) Servir

92. Café à l'eau-de-vie de cerise

Ingrédients :
- 1/2 once d'eau-de-vie de cerise
- 5 onces de café noir frais
- 1 cuillère à café de crème fouettée de sucre
- Cerises au marasquin

Directions
a) Versez le café et le Cherry brandy dans une tasse à café et ajoutez le sucre pour sucrer.
b) Garnir de crème fouettée et d'une cerise au marasquin.

93. Café Danois

Ingrédients :
- 8 tasses de café chaud
- 1 chambre noire
- 3/4 tasse de sucre
- 2 bâtons de cannelle
- 12 clous de girofle (entiers)

Directions
a) Dans une très grande casserole à fond épais, mélanger tous les ingrédients, couvrir et maintenir à feu doux environ 2 heures.
b) Servir dans des tasses à café.

94. Tireur de whisky

Ingrédients :
- 1/2 tasse de lait écrémé
- 1/2 tasse de yogourt nature faible en gras
- 2 cuillères à café de sucre
- 1 cuillère à café de poudre de café instantané
- 1 cuillère à café de whisky irlandais

Directions
a) Placer tous les ingrédients dans un mélangeur à basse vitesse.
b) Mélangez jusqu'à ce que vous puissiez voir que vos ingrédients sont incorporés les uns dans les autres.
c) Utilisez un grand verre à shake pour la présentation.

95. Bon vieil irlandais

Ingrédients :
- 1,5 once de liqueur de crème irlandaise
- 1,5 once de whisky irlandais
- 1 tasse de café infusé chaud
- 1 cuillères à soupe de crème fouettée
- 1 trait de noix de muscade

Directions
a) Dans une tasse à café, mélanger la crème irlandaise et The Irish Whiskey.
b) Remplissez la tasse de café. Garnir d'une cuillerée de crème fouettée.
c) Garnir d'une pincée de noix de muscade.

96. Café irlandais Bushmills

Ingrédients :
- 1 1/2 once de whisky irlandais Bushmills
- 1 cuillère à café de cassonade (facultatif)
- 1 trait de crème de menthe verte
- Café frais extra fort
- Crème fouettée

Directions

a) Versez le whisky dans une tasse de café irlandais et remplissez jusqu'à 1/2 pouce du haut avec du café. Ajouter le sucre au goût et mélanger. Garnir de crème fouettée et arroser de crème de menthe.

b) Tremper le bord de la tasse dans le sucre pour enrober le bord.

97. Café irlandais noir

Ingrédients :
- 1 tasse de café fort
- 1 1/2 oz. whisky irlandais
- 1 cuillère à café de sucre
- 1 cuillères à soupe de crème fouettée

Directions
a) Mélangez le café, le sucre et le whisky dans une grande tasse allant au micro-ondes.
b) Cuire au micro-ondes à puissance élevée pendant 1 à 2 minutes . Garnir de crème fouettée
c) Attention lorsque vous buvez, peut avoir besoin d'un moment pour refroidir.

98. Café irlandais crémeux

Ingrédients :
- 1/3 tasse de liqueur de crème irlandaise
- 1 1/2 tasse de café fraîchement infusé
- 1/4 tasse de crème épaisse, légèrement sucrée et fouettée

Directions
a) Répartir la liqueur et le café dans 2 tasses.
b) Garnir de crème fouettée.
c) Servir.

99. Café irlandais à l'ancienne

Ingrédients :
- 3/4 tasse d'eau tiède
- 2 cuillères à soupe de whisky irlandais
- Garniture pour desserts
- 1 1/2 cuillères de cristaux de café instantané
- Cassonade au goût

Directions

a) Combinez l'eau et les cristaux de café instantané. Micro-ondes, à découvert, allumé
b) 100 % de puissance environ 1 1/2 minutes ou jusqu'à ce que la vapeur soit chaude. Incorporer le whiskey irlandais et la cassonade.

100. Crème Liqueur Latte

Ingrédients :
- 1 volume de liqueur à la crème
- $1\frac{1}{2}$ volume de vodka

Directions
a) Shaker avec de la glace et filtrer dans un verre à Martini .
b) Apprécier

CONCLUSION

Avec chaque recette savourée et chaque note aromatique chérie, nous concluons notre voyage à travers les pages de "La collection de recettes d'un amateur de café". La symphonie des saveurs, la poésie de l'arôme et l'art de la présentation se rejoignent dans le domaine de la fabrication du café. . Comme vous l'avez découvert, le café n'est pas seulement une boisson ; c'est une expérience qui engage tous vos sens et capture des moments dans le temps.

Nous espérons que ces recettes ont suscité une nouvelle passion pour la fabrication du café et vous ont inspiré à expérimenter des saveurs, des techniques et des touches personnelles. Laissez la joie de préparer votre propre tasse de perfection insuffler chaque jour une touche d'élégance et d'indulgence.

Du cœur de la culture du café au vôtre, merci de nous avoir rejoint dans ce voyage. Que votre café soit toujours infusé à la perfection et que chaque gorgée vous rapproche de l'essence du vrai bonheur.

www.ingramcontent.com/pod-product-compliance
Lightning Source LLC
LaVergne TN
LVHW021702060526
838200LV00050B/2473